AF362626

ADVIS SVR LA PESTE.

A PARIS,

Chez DAVID DOVCEVR, Libraire
iuré, rue Sainct Iacques, au
Mercure arresté.

M. DCVI.
AVEC PERMISSION.

A Monseignevr,

Monseignevr de la Gvelle Conseiller dv Roy en ſes Conſeils d'Eſtat & Priué, & Procureur General de ſa Majeſté.

MONSEIGNEVR,
Le bruit, qui a couru de la peſte, plus grand, que le mal, a deſrobé quelques heures à vos grandes, & ſerieuſes occupations, pour les employer à procurer le ſalut du peuple, & prouuoir à ſes neceſſitez. A voſtre exemple & promotion pluſieurs ont eſté conuiez à rendre quelque ſeruice au public, chaſcun ſelon ſa vacation. Je me ſuis promis, que vous n'auriez point des-ſagreable,

qu'en ce soin commun ie roulasse mon
tōneau. Ceste actiõ n'est point difficile,
ni penible, ni de grande importance.
Aussi ie n'en pretends honneur, vtilité,
ny aduantage. I'en attends plustost
quelque contradictiõ, ou mal-veillan-
ce, à l'exemple d'vn honorable & ce-
lebre Medecin de Paris du siecle passé,
dont ie fais mention en ce discours, qui
tesmoigne auoir esté maudit par les
maistres des Estuues, pour auoir cõseillé
de defendre leur exercice en temps de
peste. Ie n'ay offensé personne. Ma co-
gitation a esté seulement de seruir le
public, quoy que mauuais garand de
ceux, qui luy font seruice. Au lieu du-
quel i'appelle vostre sauuegarde &
protectiõ, dont vous auez accoustumé
d'assister les innocens. Le subiect vous
y semond : la bonté de vostre nature
vous y conuie : vostre charge vous y
oblige : Charge tres-honorable, char-

*ge, qui vous est, comme hereditaire &
domestique : charge digne de vous, digne de la grandeur & noblesse de vostre maison : charge qui vous en pro-
met vne plus aduantageuse, si ce siecle
peut porter, que vos merites soyent re-
conus. Pour reuenir à mon propos, ie
ne me suis proposé aucune faueur, ny
cõmodité pour ce peu de trauail. Ie me
tiendray fort satisfaict, s'il peut apporter à mes concitoyens quelque cõseil
ou consolation : Sinon ils le receuront
pour tesmoignage de ma bonne volõté.
Le comble de mon contentement sera,
si ie puis estre asseuré, que vous me vou-
liez tousiours tenir pour ce, à quoy
vous auez des long temps obligé,*

MONSEIGNEVR,

Vostre tres-humble & tres-
affectionné seruiteur.

ELLAIN.

A Paris ce xij. de Iuillet, l'an 1606.

A iij

ADVIS SVR LA PESTE.

LE bruit, qui court de la peste, plus grand Iusques à present, que le mal, a donné à beaucoup de personnes grand estonnemét. Ce que l'on doit soigneusement euiter, & principalemént en toutes constitutions pestilentes : pour ce que les afflictions de l'ame troublent le sang, espuisent & consomment les esprits de façon, que ceste force diuine, qui gouuerne les humeurs, s'affoiblist, eux ne pouuans plus estre regis, & comme abandonnez de leur gouuernante, se corrompent, & acquierent vne mauuaise qualité.

Comme il n'est pas raisonnable d'espouuanter le peuple sans subiect, & luy donner des frayeurs Paniques, aussi ne le faut il pas si legerement asseurcr, que souz vne confiance mal fondee il se laisse surprendre au mal. Il est bon

d'vſer de prouuoyance, l'aduertir doul-
cement du mal, qui le menace, par meſme moyen luy donner des preceptes
politiques, & remedes ſalutaires, pour
ſe conſeruer, & preſeruer d'vne maladie ſi funeſte.

C'eſt vn bel œuure de guarir les malades, mais il eſt beaucoup plus excel-
lent & plus certain de conſeruer les
ſains, & les garantir de maladies: comme il eſt plus honorable & plus ſeur au
pilote & patron de nauire de ſurmôter
toutes les mauuaiſes rencontres de la
mer, & côduire ſa charge à bô port, que
de ſe ſauuer ſur vn ais apres que ſonvaiſ-
ſeau auroit eſté fracaſſé par la tempeſte.

L'Eſchole de medecine de Paris a
eſleué de beaux eſprits: Il yen a encores
auiourd'huy de côparables à ces grãds
Philoſophes & Medecins, qui par leur
prouuoyance & ſuffiſance ont quelque
fois preſerué leurs contrées de ceſte ca-
lamité. Vray-eſt, que, ſi Hippocrates,
Empedocles, Acrõ l'Agrigentin, & autres leur ſemblables viuoyent au iour-
d'huy, ils ſe trouueroyent fort empeſ-
chés de faire ce, pourquoy ils ont eſté
en leurs ſiecles tãt honorés. Si ne faut-il
pas laiſſer

pas laiſſer d'exciter par tous moyẽs ces excellens perſonnages, dõt ceſt' Eſchole eſt aſſez bien fournie, à ce qu'ils nous aydét de leurs bõs cõſeils, pour retrãcher les cauſes de ce mal commun. I'ay mis la main à ce petit diſcours, afin de conuier quelqu'vn d'entre eux à nous donner vn meilleur aduis & plus poli, pour le bien & ſoulagemét de nos concitoyens.

Ce pendant, nous examinerons les cauſes, & les ſignes de la peſte, afin que par leur cognoiſſance nous puiſſiõs remarquer l'origine de celle, qui court à Paris, & y oppoſer quelques remedes, qui nous en puiſſent preſeruer.

La peſte eſt vne maladie fort courte, populaire, cõtagieuſe, accompagnee de mauuais accidens, & de laquelle pluſieurs meurent.

Les Theologiens rapportent la cauſe de la peſte à nos pechez, pour leſquels chaſtier Dieu ſe ſert quelquefois de ceſt inſtrument, quant il void en nous vn endurciſſement de cœur, que nous cõtinuons à outre-paſſer ſes ſainꞔts cõmandemens au meſpris de ſa parole, & des Paſteurs, qu'il nous donne pour

nous enſeigner : comme nous en auons
aſſez de teſmoignages par la ſaincte Eſ-
criture. En ce cas le ſouuerain remede
ſeroit de nous recognoiſtre, nous a-
mander, & auec confeſſion, regret, &
deſplaiſir de nos fautes auoir recours à
la bonté & miſericorde de Dieu, le ſup-
plier de nous pardōner, & de retirer de
deſſus nous la peſanteur de ſa main, &
la iuſte punitiō de nos offenſes. Ce que
nous Chreſtiens aſſiſtez de la vraye lu-
miere deuōs faire d'autāt plus ſoigneuſement, que les Payens en leurs tene-
bres ont vſé ſouuent de ce meſme remede enuers leurs faux Dieux, quand
ils ont eſté trauaillez de pareilles afflictions : & cependant pour la precaution
& guariſon de ce mal vſer des moyens,
que Dieu nous a donné, & du conſeil
de ceux, que ſa bonté a ordonné pour
ce miniſtere.

Pour autant que Dieu Createur de
tout le monde a eſtabli vn fort bel ordre, par lequel toutes les choſes naturelles ſont tellement liees, & enchainees,
qu'elles dependent les vnes des autres,
& que l'on en peut remarquer quelques
cauſes manifeſtes, laiſſans à part ce, qui

eſt occulte, & ſurnaturel, nous nous ar-
reſterons ſeulement aux cauſes ſecon-
des & naturelles de la peſte remarquees
par les Medecins.

Les cauſes de la peſte ſont internes, ou
externes. Les internes ſont la chaleur
pourriſſante ennemie de la naturelle, &
vne matiere pourrie & veneneuſe, qui
apporte vne grande confuſion, pertur-
bation & corruption de tous les humeurs, & engendre vne pourriture au
plus haut degré, qu'elle puiſſe eſtre, &
qui ſurmonte toutes autres eſpeces de
pourriture. Les cauſes externes ſont la
corruption de l'air, & la contagion.

Nous auons maintenãt à conſiderer,
quelle eſt la cauſe de la peſte, qui eſt à
Paris, & à rechercher les moyens de
s'en preſeruer.

Les maladies & leurs cauſes ſe reco-
gnoiſſent par leur ſignes diagnoſtiques
& ſe preuoyent par les prognoſtiques.

La peſte, qui vient de cauſes internes,
comme auſſi celle, qui vient des externes, ſe fait bien recognoiſtre par ſes ſignes, que l'on appelle *comitantia*, qui
ſont les accidés propres, qui accompagnent la maladie, comme ſont les char-

bons, & tumeurs, qui viennent ſous les oreilles, aux aiſſelles, & aux aines. Mais ie ne penſe pas, que celle, qui vient des cauſes internes ſe puiſſe preuoir, ny que meſmement on puiſſe dire, que ceſtuy-cy, ou ceſtuy-la puiſſe eſtre diſpoſé à receuoir ceſte maladie par contagion, ou autrement, combien que les Medecins en general puiſſent dire, que certaines conditions, certains aages, certains ſexes, & temperamens en puiſſent eſtre plus ou moins ſuſceptibles.

Ceſte grande & inſigne pourriture conceüe & engendree dans les corps ne ſe peut pas, à mon aduis, aiſément preuoir ny predire, ny recognoiſtre, que par l'euenement: on peut accommoder aux corps ainſi diſpoſez le mot François, qui dict,

Que celuy penſe eſtre bien ſain,
Qui porte la mort en ſon ſein.

Entre les maladies peſtilentes, qui viennent des cauſes externes, celle, que l'on dit proceder des malignes conſtellations, ne ſe peut preuoir, ny cognoiſtre, que par le ſeul euenement, comme nous teſmoigne vn exellent Medecin de ce ſiecle, l'vne des belles lumieres de l'eſcholle de Paris , qui ne recognoiſt autre cauſe de la pure & ſimple peſte, que la coniunction des planettes mal-faiſantes. Toutesfois il aduoüe, que la parfaite cognoiſſance de ceſte ſcience ſecrete eſt excellente pour la prediction, & precaution & guariſon de ceſte maladie.

Celle, qui vient des autres cauſes externes, & recognue peſtilente par l'aduis des medecins , peut eſtre preueüe par bonnes côiectures, & preuenue par preſeruatifs accommodez à la cauſe de la maladie : comme elle a iadis eſté preueüe, predite, & deſtournee par la prudence des grãds Philoſophes & medecins cy deuant nommez.

Nous auons dit, que la peſte, de quelque cauſe, qu'elle vienne , eſt recognue par ſes ſignes, & propres accidens, qui l'accompagnent. Celle, qui vient de la corruption de l'air, ou de la contagion, a ſouuent quelques ſignes auant-coureurs , par leſquels on peut eſtre aduerti de ſa venue : Entre leſquels on compte les conionctions des planettes mal-faiſantes, les eſtoilles, que l'on n'a point accouſtumé de voir, les cometes , les grandes eclypſes, les tremblemens de terre, l'an de biſſexte, la peſte, qui afflige les contrees voiſines, & autres ſemblables, chacun deſquels ſignes à part ne fait que des côiectures bien legeres, & tous enſemble n'apportent aucune neceſſité : ſi toutesfois nous en exceptons deux : Sçauoir eſt la mauuaiſe conſtellation, que l'on a obſerué faire vn grand degaſt : & la peſte aux regions voiſines qui vray ſemblablement peut apporter grand mal par contagion.

Examinons maintenant tous ces ſignes auant-coureurs, & eſſayons de recognoiſtre, ſi nous pouuôs apprendre, que la corruption de l'air ſoit cauſe de la peſte, qui eſt à Paris.

Les Philoſophes ont remarqué quelques conionctions malignes, qu'ils ont dict eſtre cauſes & ſignes de la peſte. Nos Aſtrologues ne remarquent point en ceſte annee, ny es prochainement precedentes aucune mauuaiſe conſtellation, qui nous menace de ceſte maladie. Et de faict celles, que l'on pretend eſtre venues apres ces malignes conionctions, ont apporté vne ſi grande mortalité, que la plus grande part du

monde en mouruſt : comme celles, qui
furent du temps des Empereurs Veſpa-
ſianus, & Commodus : celle , qui en
l'an 1348. affligea le monde tellement,
qu'il en diminua de moitié, & de laquelle on dict la cauſe auoir eſté la diſ-
poſition d'vne certaine conionction
des trois corps ſuperieurs, Saturne, Iu-
piter, & Mars, en l'an 1345. & celle, qui
fuſt du temps de nos ayeuls en l'an
1450. laquelle ayant commencé en
Aſie, & coulé en Italie par la S clauonie
& Dalmatie, & en France & en Eſpa-
gne par l'Allemaigne , fuſt ſi funeſte,
qu'à grande peine la troiſieſme partie
du monde en peut eſchapper. Ceſte-
cy, dont on parle à Paris , n'approche
aucunement de celles la, graces à Dieu,
& le ſupplie qu'il luy plaiſe nous en preſeruer.

On ne dit point, qu'il y ait en ceſte
annee en noſtre hemiſphere aucune
eſtoille non encores veuë depuis celle,
qui fuſt remarquee l'an 1572. dont on a
tant eſcrit, & laquelle fuſt ſuiuie d'vne
grande peſte, qui commença à Trente
enuiron l'an 1574. & ſe coula les annees
ſuiuantes à Veniſe, à Padouë & autres

lieux voifins. La France ne fuft point affligee au téps de cefte nouuelle eftoille de cefte maladie, mais d'vne fureur populaire, qu'on a eftimé auffi dangereufe, que la pefte, & qui a trainé apres foy beaucoup de mauuais accidens.

On a remarqué vne Comete au mois d'Auril dernier paffé.

Auffi auons nous veu en l'annee derniere trois Eclypfes, deux de la Lune, & la tierce grande du Soleil, que ie ne penfe pas eftre caufe ny figne de la maladie, qui court à prefent, parce qu'elle feroit plus violente & commune à tout noftre Hemifphere, comme celles, qui ont efté cy deuant remarquees.

Les tremblemens de terre font quelquefois fuiuis de pefte, pource que les mauuaifes exhalations, qui fortent de la terre, apportent à l'air vne grande corruption : côme il aduint en la ville de Pompei au Royaume de Naples, en laquelle vn troupeau de fix cens brebis mouruft infecté des vapeurs peftilentes, qui s'efleuerent apres vn grand tremblement de terre : Et euft cefte pefte paffé plus outre, & perdu beaucoup d'hommes, fi cefte vapeur peftilente

lente euſt eſté plus forte, & ſi elle n'euſt
point eſté corrigee & vaincuë par la
bõté, & pureté de l'air du pays. Or n'a-
uons nous point eu de tremblement de
terre: auſſi la Frãce ny eſt point ſubiet-
te graces à Dieu, non plus que l'Egy-
pte, à cauſe de la froideur ordinaire,
qui domine en l'vne, & de la chaleur
continuelle, qui eſt en l'autre.

Quant à ce qu'on dict, que l'an Biſ-
ſextil eſtvn des ſignes de la peſte, en ceſte anneee nous n'auons point de Biſſexte : Auſſi ne puis ie croire, qu'vn
iour adiouſté au mois de Feurier de
quatre en quatre ans, pour reduire noſtre annee au vray cours du Soleil, ſoit
cauſé, ou ſigne de la peſte, encores
qu'vn grand Medecin de ce temps ait
compté le Biſſexte entre les ſignes a-
uãt-coureurs de ceſte maladie. Ie voudrois qu'on m'en euſt apris quelque
raiſon : & ne penſe pas, qu'on vouluſt
prendrevn mauuais preſage de l'an Biſ-
ſextil ſur le mot François corrompu,
qu'on dict, qu'il y à du Biſſetre, quand
on veut ſignifier quelque deſaſtre ou
malheur. Ce qui à parauenture eſté tiré de la ſuperſtition des Romains, qui

penſoient, que le Biſſexte fuſt mal-heureux à leur Republique. Et pource l'Empereur Valentiniã ne ſortoit point en public le iour du Biſſexte, fuyant ce iour là, comme mal-encontreux.

La peſte, qui afflige les contrees voiſines, eſt auecques raiſon cõptee entre les ſignes auant-coureurs de la peſte, pour ce qu'elle peut eſtre facilement communiquee par le commerce, que nous auons auecques elles : & que les modernes ont eſcrit, qu'au temps meſmes, que l'air eſt corrompu, il en meurt plus par la contagion, que par l'infection de l'air.

On peut icy adiouſter deux autres ſignes entre les auant-coureurs de la peſte, qui vient de la corruption de l'air.

L'vn eſt tiré d'vn ancien, qui dict, que c'eſt vn grand ſigne de peſte, quãd les loups portent grand dommage aux hommes. De là on pourroit tirer vne coniecture qu'à plus forte raiſon le grand dommage fait aux hommes par le chien animal domeſtique, né pour leur ſeruice, ſeroit vn preſage de peſte, ou de quelque autre ſiniſtre euenemét.

Or dit-on, que l'on n'a iamais tant ouy
parler des chiens enragez , que depuis
deux ou trois ans en ça, qui ont offenfé
plufieurs perfonnes en cefte ville , &
porté grande nuifance au beftail de
quelques contrees voifines. A quoy ie
refponds, que le chien deuient enragé
le plus fouuent au temps de la Canicule, & que ceux, que l'on a tenu pour en-
iugez par ces dernieres annees, n'e-
ftoient pas tant fignes de la pefte , que
d'vn excez de chaleur & fecherefle en
l'air, defquelles cefte-cy refifte puiffam-
ment a toute pourriture. Ioinct que ce
mal leur vient par leur propre intem-
perature, & malice d'humeurs, qui s'engendrent en leurs corps, ou pour auoir
vfé de viandes falees, ou pour les auoir
empefché de boire apres vn grand trauail , ou par quelque autre femblable
excez pluftoft, que par l'indifpofition
de l'air.

L'autre figne eft pris de l'indifpofition des faifons , que nous recognoif-
fons ne garder aucunement leurs con-
ftitutions naturelles. I'adioufte d'auan-
tage, que non feulemét les faifons font
fort defreglees, mais auffi que les iours

font merueilleufement inconftans & inegaux. Ce qui nous menace de maladies mal reglees, fubiectes à rencheutes, accompaignées de mauuais accidens, & dont les iffuës fon fafcheufes, douteufes, & fouuent funeftes. Mais ces inegalitez de faifons ne font pas toufiours caufes, ny fignes certains & neceffaires de la corruption peftilente de l'air. *Quia non femper habent*, τὸ θερμὸν πολέμιον, καὶ κτεῖνον σηπεδονῶδες, *in quo eft regnum peftilentiæ*, comme difoit l'Hippocrat François, l'honneur de noftre fiecle, & l'vne des perles pretieufes de la riche môftre de l'efchole de paris Nous voyôs fouuent en France les annees exemptes de pefte par la grace de Dieu, & toutesfois leurs faifons fort defreiglees en leurs têperatures: ce que nous reffentôs manifeftemét par leurs qualitez inconftantes & inegales, & encores par le dommage des fruicts, qui aduancez par la bonté & chaude temperature du temps, fi par apres ils fe trouuent furpris de froid, font bruflez, bruinez, perdus, ou deffaifonnez: Pefte certainement de fruicts, mais qui ne va pas fouuent aux hommes.

Les anciens Medecins nous ont donné vn certain moyen, pour cognoiftre, fi la pefte vient de la corruptiõ de l'air, c'eft à fçauoir quand vne grande partie du peuple eft affligee d'vne mefme forte de maladie accompagnee de fes propres fignes, que nous auons fpecifié cy deuant. Car puis que la caufe eft trescommune, il faut que les effects foyent tres-communs. Quand la pefte vient de la corruptiõ de l'air, elle fe communique indifferemmét à toutes regions, à toutes perfonnes de quelque condition, qu'elles foyent, à tous aages, à tous fexes, & à toutes fortes de temperatures: comme celles dont nous auons parlé cy deuant qui furent du temps de l'Empereur Commodus, en l'an mil trois cens quarante & huict, & en l'an mil quatre cens cinquante. Apollonius le Tyanéē aduertift lesEphefiens, qu'ils feroient trauaillez de la pefte.Il fonda fa prediction non point fur le defreiglement des faifons, mais fur ce,que luy,qui eftoit bien né, bien reiglé en fa maniere de viure,& qui ne faifoit aucun excez, eftoit neantmoins

malade: & partant il iugea que la corruption de l'air estoit cause de son in-
disposition. Les saisons de l'an 1580.
semblerent assez bien reglees, l'Esté fut
fort sec, qualité propre pour empescher la pourriture, & neantmoins on
peut rapporter la cause de la peste, qui
courust lors a la corruption de l'air,
pource que ceste peste fut grande, affligea beaucoup de peuples, & qu'elle
vinst a la suitte d'vne Coqueluche, dõt
peu de personnes se peurent garentir.
Ceux qui estoient malades de la Coqueluche, auoyent vne petite fieure,
reume, mal de teste, mal de cœur, grãd
degoustement, & guarissoient tous par
la bonté de nature, qui leur excitoit v-
ne petite sueur, ou moiteur. Ceste maladie populaire, & toutesfois salutaire,
qui venoit plustost de quelque indispo-
sition ou alteration de l'air, que de corruption, fust tost apres suiuie d'vne pe-
stilente, qui assailloit le peuple auec les
mesmes accidens, mais faisoit incontinent cognoistre sa malignité par ses
propres signes cy deuant specifiez, &
par la mortalité, qui fut si grande, qu'il
en mouroit beaucoup plus, qu'il n'en

eſchappoit. Durant ceſte peſte il n'y a-
uoit autre maladie à Paris, & ſi dauan-
ture il s'en trouuoit quelque autre, côme fieure tierce, ou double tierce, elle
ſe tournoit incontinent en peſte: Signe
remarqué par les Medecins qu'il y a-
uoit corruption de l'air.

Nous voyons iuſques icy en ceſte
ville d'autres maladies, que des peſtilé-
tes.   On voit des ereſypeles, des fie-
ures tierces, des diaires auec bubons,
qui ont faiᗭt quelquefois abandonner
les malades, qui ſe ſont trouuez guaris
au bout de quarante heures, ou enuiron.

Si la corruption de l'air n'eſt point
cauſe de la peſte, qui eſt à Paris, il nous
en faut rechercher vne autre.

I'ay dit cy deuant, qu'vne cauſe treſ-
commune engendre des maladies treſ-
communes. Il eſt donc vray ſembla-
ble, qu'vn effeᗭt moins commun de-
pend d'vne cauſe moins commune.

Nous diſons, que les venins ſe peuuent engendrer dãs les corps humains,
côme l'humeur malin, qui fait les epi-
leptiques, & celuy, qui fait les paſſions
hyſteriques.   Par meſme raiſon ceſte

grande pourriture, qui apporte les maladies peftilentes moins communes,
peut eftre engendree en certains corps
pluftoft, qu'es autres, felon qu'ils font
difpofez, & dõt on peut apporter quelque autre caufe externe moins commune, que l'indifpofition de l'air.

Vne mauuaife maniere de viure, cõmune à quelques pauures gẽs, peut exciter vne maladie peftilente premiere-
ment commune à ceux, qui ont ainfi
vefcu, & qui puis apres par contagion
fe communique aux autres. Cela nous
eft tefmoigné par les anciens Medecins. En l'an 1590. nous auõs veu ceux,
qui auoient pendant le fiege mangé du
pain d'auoine, & ie ne fçay quelle efpe-
ce de bouillie, malades de lãgueur auec
enfleure de iambes & de cuiffe, & quel-
quesfois de tout le corps. Cefte maladie n'eftoit point contagieufe, ains feulement commune à ceux, qui auoient
efté contrainćts de s'aider de ces mauuaifes viandes. Hippocrates remarque
quelques incommoditez femblables
aduenuës en la ville d'Aeno en Thra-
ce, pource que le peuple en vne grande
charté de viures auoit vefcu de legu-
mes,

mes, & d'vn petit grain, qu'on appelle
des ers.

Non seulement les historiens, mais
aussi les medecins, comme Galenus, &
Auenzoar, nous tesmoignent, que les
maladies pestilentes n'ont eu quelque
fois autre cause, que la cherté des viures, a raison de quoy le pauure peuple
estoit contraint de se nourrir de mauuaises viandes, qui engendroyent les
humeurs malins & pestilents.

La contagion peut aussi apporter ce
mal, qui puis apres se coule, s'acroist, &
faict vn grād degast, s'il n'y est soigneusement pourueu. Il me souuient, qu'en
l'an 1579. vn marchant estranger venāt
d'vn lieu infecté arriua en ceste ville, &
apporta la peste en son hostellerie. Le
cours de ce mal fust arresté par la diligence des Magistrats Politiques , &
couua tout l'hyuer : Mais le vent de
midy venant des regions infectees, qui
souffla tout l'esté suiuant, nous apporta vne telle corruption, qu'elle surmō-
ta quasi le soin, la diligence & l'industrie desdits Magistrats Politiques,
gens de bien & d'honneur, & amateurs
du bien public.

D

Ceux, qui iufques à prefent, ont efté affligez de cefte maladie, font pour la plus grande part, pauures gens. Iufques icy on remarque peu de perfonnes qualifiees affligees de ce mal. Il y a deux ans, que ie recherchay curieufement quelques caufes moins communes de ce mal, qui eftoit a Paris moins commun, & entre autres apris, qu'en vn quartier de cefte ville ce mal commença par l'indifpofition d'vn homme, dont on dict la caufe auoir efté vne frayeur, ou vne mauuaife exhalation, qu'il receut par vne ouuerture de terre. On ne parloit encores alors quafi point de pefte. Mais elle fe fift cognoiftre par les effects : car incontinant apres le decez de ceft homme la maladie peftilente fe communiqua par contagion au voifinage, qui auparauant eftoit fain. Or eft-il certain, que cefte maladie viét aucunefois de frayeur, aucunefois des mauuaifes exhalatiós de la terre, comme nous auons dict de la ville de Pompei : comme auffi on trouue par efcrit, que les oyfeaux, qui paffoyent par deffus le Golfe d'Auerno au Royaume de Naples, mouroyent, & que la pefte e-

ſtoit ſouuent és lieux voiſins, à cauſe de
la puanteur, qui ſortoit de ce golfe. Cela me confirma en l'opinion, que i'a-
uois lors, que ceſte maladie ne venoit
point d'vne cauſe tres-cõmune, comme de l'air, mais d'vne moins cõmune,
cõme peuuent eſtre celles, que ie viens
de dire, la mauuaiſe nourriture cõmune aux pauures gens, & la communi-
cation de commerce, qui ſe peut faire
entre particuliers, & autres ſemblables.

Ce qui me fiſt eſperer & iuger, que le
mal ne paſſeroit point plus auant,
moyennant la grace de Dieu: & le ſuc-
ces fuſt tel, que nous eſperions. Les
meſmes raiſons me font eſperer le ſem-
blable par la bonté de Dieu, moyennant le bon ordre, que Meſſieurs de la
police apporteroyent à deſraciner la
cauſe du mal, & ce qui le fomente.

Toutes choſes bien peſees & con-
ſiderees, mon aduis eſt, que l'air n'a
point ceſte chaleur, ennemie de la naturelle, & pourriture meurtriere, qui
puiſſe eſtre cauſe de la peſte, qui court
à Paris. Et neaumoins ie ne voudrois
pas, que le peuple ſur ceſt' aſſeurance
s'endormiſt, & ſe rendiſt nonchalant

aux remedes, qui luy font neceffaires pour la precaution. Car il peut aduenir, que l'air, qui fe pourra efchauffer à la leuee de la Canicule, trouuant des corps mal difpofez de foy, ou autrement, comme par contagion, participeroit à cefte corruption, & encores auec plus de facilité, s'il aduenoit, qu'il ne fuft efuenté, & purifié par le vent falutaire, tel, qu'eft le vêt Grec, que nous appellons Nor-eft, & en ce temps-là Etefien. Encores feroit-il a craindre, que les vents des prouinces infectees ne communiquaffent a noftre air leur corruption: comme fi le Sud-oüeft, appelé par les Latins Africus, continuoit longuement a fouffler, il pourroit apporter ce mal, que l'on dit eftre grand en Afrique: ainfi que nous auôs veu en l'an mil cinq cens quatre vingt : & que les hiftoires nous tefmoignêt eftre aduenu foubs l'Empire de Commodus: & en l'an mil trois cens quarante & huict : & en l'an mil quatre cens cinquante. Ce qui me fait fouuenir de cefte pefte memorable fi naifuement reprefentee par Thucydides, qui commença en Ethiopie, paffant par l'Egy-

pte, par la Lybie, & par le Royaume de Perfe, vint iufques en la ville
d'Athenes, qui fuft merueilleufement
affligee:

Nam penitus veniens, Aegypti finibus ortus,
Aëra permenfus multum, campofq; natantes
Incubuit tandem populo Pandionis.

C'eft pourquoy fur les menaces, qui
fe prefentent, d'vn mal fi pernicieux, ie
confeillerois au peuple depouruoir à fa
feureté, fe munir contre tous mauuais
accidens, & à cefte fin fe recommãder
à Dieu, obeir au Magiftrat, & garder
foigneufement ce qui luy fera ordonné, pour la precautiõ de cefte maladie,
& la confcruation de fa fanté.

La pefte a deux confiderations : l'v-
ne publique, par ce que c'eft vne maladie commune: l'autre particuliere, d'autant qu'elle peut toucher particulierement vn chafcun:

Nam tua res agitur, paries cum proximus
    ardet.

Les remedes auffi, & principalement
de la precaution, que nous auons dict
eftre plus excellente, que la guarifon,
dependët en partie des magiftrats, auf-
quels la garde du peuple eft commife,

en partie de chaſque particulier, qui par
raiſon naturelle doit auoir ſoin de ſa
conſeruation.

Ie voudrois, que chaſcũ recogneuſt,
combien nous ſommes obligez à ce
grand Parlement, a ceſt auguſte & ſouuerain Senat, *Reipublicæ cuſtodi, præſidi,
propugnatori, ſalutis mentiſque publicæ prin-
cipi :* & nommément au chef venerable
de ceſt' illuſtre compagnie, qui auec
tant de dignité, & d'integrité non ſeulement adminiſtre la iuſtice, mais auſſi
auec vn ſoin indicible procure le ſalut
public, s'enquiert curieuſement des ſignes, des cauſes, precaution & curatiõ
de la maladie, & prouuoit aux neceſſitez du peuple.

Meſſieurs de la Police, qui ſoubs l'authorité de la Cour vous acquittez ſi
ſoigneuſement de la charge, qui vous
eſt commiſe, ie vous ſupplie de donner
ceſte licence à l'ordre de mon diſcours,
que ie puiſſe repreſenter quelques regles dependantes de vos offices, & grã-
dement importantes à la precautiõ, &
guariſon de ceſte maladie, & à l'amor-
tiſſemẽt des flammeſches, qui couuees
ſoubs des cendres trompeuſes entre-

tiennent le feu , & quelquefois le rallu-
ment: encores que ie reconnoiſſe fran-
chement icelles regles auoir eſté iadis
non ſeulement propoſees , mais auſſi
ordonnees , & en partie executees , en
partie auſſi demeurees ſans execution,
pour les difficultés , qui ſe trouuent en
ceſte grã de ville, & en vn tel ſiecle, que
ceſtuy cy.

Il ſeroit neceſſaire d'auoir deux maiſons en deux fauxbourgs de la ville, es
lieux cõmodes, choiſis par l'aduis des
Medecins, pour retirer les pauures malades de la peſte. Il eſt trop deſaduanta-
geux à la ſanté publique, que les pauures malades ſoyent logez au grand
hoſtel-Dieu aſſis pres la grande Egliſe,
au milieu de la ville , d'où il faut tranſ-
porter ceux, qui ſont decedez, par ladi-
&te ville au cimitiere de la Trinité. La
ville de Paris eſt naturellement ſaine,
tant pour eſtre bien deſcouuerte, & pu-
rifiee de vents , que pour l'aſſiette du
lieu ſec & ſablonneus, & la commodité
de ceſte belle riuiere de Seine, qui paſſe
a trauers, & emporte toutes ſes ordures
& immondices: & ſeroit beaucoup plus
ſaine , ſi on auoit prouueu a la mul-

titude des pauures, & à la retraicte des malades de la contagion. Ce soin est digne de vos charges, Messieurs : vous impetrerés aisément ceste permission de sa Majesté tres-Chrestienne, & de nos seigneurs de la Cour. Preuenés la diligence & l'industrie de vos successeurs, & la gloire, qu'ils auront de rendre cest' habitation aussi salubre, comme la ville est grande, opulente, & l'vne des plus florissantes de la Chrestienté. Ie sçay bien, qu'il ne tient ny à vous, ny à vos predecesseurs, que cela n'ait esté executé, & qu'il y a faute d'vn instrument, qui est necessaire à toutes bonnes entreprises. Mais il est croyable, qu'il y a en ceste ville vn bon nombre de gens de bien, qui fort volontiers côtribueront à vne œuure si charitable, à l'exemple de quelques autres villes de ce Royaume beaucoup moindres, que ceste-cy. Et croy, qu'il y a vne certaine nature de deniers, qui pourroit estre legitimement employee à ce dessein, ou aux necessitez de l'hostel Dieu. En toutes belles entreprises on trouue ordinairement quelque empeschement : En ceste cy il faut surmonter toutes les difficultez,

ficultez,puis qu'il y va du salut cõmun:
Salus populi:suprema lex esto.I'en demeure
la,afin de ne passer point mes riuets.

Puis que nous sommes sur les termes
de l'hostel Dieu,ie supplie Messieurs les
gouuerneurs de receuoir en bõne part
vne proposition, que ie pense estre fort
à propos. Il seroit souhaitable, qu'il y
eust dans l'hostel-Dieu vn apoticaire,&
vne petite boutique garnie de drogues
& compositions necessaires pour les
pauures malades : comme i'ay ouy dire,qu'autrefois il y a eu.L'apoticaire seroit tenu de rendre compte tous les
mois à mesdits sieurs les gouuerneurs
de ce qu'il auroit employé, & à ceste
fin rapporter les ordonnances signees
du Medecin:qui seroit choisi,vacation
aduenãt,par mesdits sieurs les gouuerneurs,sans aucune brigue, ny faueur, le
plus propre a ceste charge. Ce que ie
dis,pour ce que i'ay entendu de l'vn de
mesdits sieurs,que quelques vns y veu-
lent entrer par brigues : Dont i'ay esté
fort estonné, ne me pouuant persua-
der,soubs correction, qu'en ceste hon-
neste compagnie de Medecins de Paris il y eust aucun, qui voulust y entrer

E

par telles voyes , pour ce qu'il faut,
qu'vn Medecin ſoit legitimement ap-
pellé. Quiconque s'y gouuerne autrement, faiᶜt grād preiudice à ſon ordre,
& à la dignité de ſa profeſſion. Il y a
maintenant vn fort honneſte homme,
& qui a toutes les parties requiſes dependantes de ſoy pour faire ceſte charge. Mais pour s'en acquiter parfaite-
ment , il doit eſtre tellement authoriſé
deſdits ſieurs gouuerneurs , qu'il ſoit
obeï des officiers de la ſanté, pour ce
que c'eſt à luy d'ordonner ce qui eſt de
la Pharmacie, chirurgie, & maniere de
viure. Ayant ceſte authorité il rappor-
tera vne autre grande commodité à la
maiſon : que i'ay veu practiquer , il y a
enuiron trente cinq ans par vn tres-
honneſte & ſçauant medecin, qui auoit
ceſte charge : Il doit autant de fois, qu'il
viſite les malades , mener auec ſoy le
portier, ou autre officier de la maiſon,
& luy commāder de chaſſer les gueus,
qui ſe portent bien, & ſe vont ſeulemēt
ietter là dedans pour manger le pain
des pauures malades. Le public peut
encores receuoir du Medecin vne grā-
de vtilité ! C'eſt à ſçauoir, que les ba-

cheliers en Medecine le puiſſent accõ-
paigner en la viſitation des malades,
pour apprédre la practique de la Theo-
rique, qu'ils ont appris aux Eſcholes, à
la charge neaumoins, que le Medecin
ordonnera, & non autre, & ſignera ſes
ordonnances ſuiuant l'Arreſt de la
Cour. Ce que i'ay dit de l'apoticaire &
boutique, ne vient de moy.   Monſei-
gneur le premier Preſidẽt, qui a grand
ſoin de ceſte maiſon, comme de tout
ce qui eſt public, m'a, long temps a, cõmandé de chercher vn apoticaire à ceſte fin. Ils s'en ſont preſentez quelques
vns, mais ayant recognu, qu'ils n'a-
uoyent pas toutes les parties requiſes
pour ceſte charge, i'aymay mieux m'en
deporter. Ie ſçay, qu'il ſera malaiſé de le
trouuer tel, qu'on deſire : mais encores
ſe peut il rencontrer. Reuenõs à noſtre
premier propos.

Que les pauures malades de peſte
ainſi logez ſoyent bien & ſoigneuſement traictez par charité Chreſtienne,
ſecourus de bons Medecins, de bons
chirurgiens, & de drogues d'apoticaire neceſſaires : La maladie eſt grãde, difficile à traicter, en laquelle il faut appor

ter beaucoup de confiderations : Les
plus excellens Medecins & chirurgiés
n'y font pas trop bons. Et neaumoins
on fçait, que le plus fouuent on y met
desapprentis en chirurgie. Ie croy, que
pour le iourd'huy il y a d'honneftes
gens, qui en ont le foin : Mais par le paffé on y a mis des gens, qui eftoyét plus
à craindre, que la pefte mefme, pour ce
qu'ils eftoyent fort ignorans & entrez
pour gaigner feulement leurs maiftri-
fes fans chef d'œuure. Nous deuons
fçauoir bon gré aux maiftres Barbiers
chirurgiens iurez de Paris, qui fe cot-
tiferent, il y a deux ans, en vne pareille
neceffité , pour y employer quelques
vns de leur compagnie, afin de fermer
la porte de leur maiftrife à ces ignorás.
I'entens, qu'ils auoyent entre-eux vne
police telle , que les quatre derniers
maiftres receus feroyent tenus de trai-
êter les malades de pefte. Ie croy, qu'il
n'eft pas raifonnable d'y contraindre
perfonne, ains pluftoft en choifir quelque bon nombre des plus experimen-
tez, auec deux bós Medecins, & les exciter par quelque honorable & vtile re-
connoiffance. On penfe, que jadis à

Rome les Medecins viſitoyent les malades de peſte, leurs manioyét le poux,
leurs ordonnoyent ce, qui eſtoit neceſſaire, ſans crainte, ſans ſouſpeçon, &
ſans danger. Nous trouuons par experience, que le danger y eſt grand. & que
la contagion faict vn merueilleux degaſt, & n'eſpargne point les medecins,
non plus, que les autres.

——In ipſos ſæual medentes
Erumpit clades, obſuntque authoribus artes.
Mal-aiſément trouuerés-vous auiour-
d'huy des malmedis, qui gratuitement
s'expoſent à ce haſart. Il faut donc cō-
uier quelques bons medecins & chirurgiens, par les moyens, que ie viens de
dire : Cela ſepractique par tout ail-
leurs.

Ceux, qui viſitent ou aſſiſtét les malades, ſoyent habillez de camelot, ſar-
ge d'Arras, taffetas, ou d'autres ſemblables eſtoffes: Et ceux, qui n'auront
le moyen, ſe veſtirōt de marroquin, de
treillis d'Alemagne, ou autre belle toi-
le noire.

Ceux, qui ont commodité de ſe faire traicter en leurs maiſons, ſoyent
fournis de Medecins, de chirurgiens,

de gardes, de viures, & autres choses necessaires, sans, que ceux, qui les assistent, ayent aucun cōmerce auec leurs voisins.

Ceux, qui eschapperont, soyent releguez pour vn temps, en quelques lieux salubres, auāt que retourner auec le peuple, & qu'ils soyent vestus d'habits neufs, sans qu'ils rapportent aucune chose subiette à receuoir mauuais air, dont ils se soyent seruis pendant leurs maladies.

Quelques bons medecins de eeste ville ont escript, que les vinaigriers bruslent les lies trop pres de la ville, dans laquelle il en vient vne fumee malfaisante.

Ils ont aussi remarqué, qu'il vient vne mauuaise senteur des conrroyeurs, qui toutefois sont logez au milieu de la ville. On leur pourroit donner quelque departement sur la Riuiere, comme vos predecesseurs y ont colloqué la boucherie, l'Escorcherie, & depuis quelques annees le marché neuf. Il est certain, que quād la peste se met en ces matieres grasses, gluantes, & visqueuses, elle est fort dangereuse, & conta-

gieuſe. Il me ſouuient, que l'an 1580.
elle fuſt en vne maiſon d'vn chande-
lier, en laquelle il y auoit beaucoup de
locataires, qui preſque tous en moururent.

Il ſeroit bon de donner quelque ordre aux eſgouts de laville, pour ce qu'il
en vient vne mauuaiſe odeur, ſpecia-
lement du coſté du Temple & de Saint
Martin, quand la Bize ſouffle, qui ren-
uoye ce mauuais air dans la ville, laquelle Bize, cela ceſſant, nous ſeroit ſa-
lutaire. Empedocles ayant recogneu,
que la peſte, qui eſtoit en Salemi, ville
de l'iſle de Sicile, venoit de la puanteur
d'vne vilaine riuiere, y apporta promptement vn remede. Car il fiſt deſtour-
ner à ſes deſpens l'eauë belle & claire,
comme eauë de roche, des autres riuie-
res proches, & la fiſt eſcouler par petits
ruiſſeaux & conduits en ceſte autre riuiere ſale, qui rendoit ceſte puãteur: De
façon, que par ceſte meſlange d'eaües
la riuiere, qui eſtoit croupiſſante &
mareſ-quageuſe, fuſt rendüe belle, net-
te, courante, & perdiſt ſa puanteur &
ſaleté par l'abondance, & pureté des
autres eaües, qui y aborderent: & auſ-

si tost la peste cessa.

Ordonner, que les commissaires des boües facent soigneusement & plus souuent enleuer les boües de chascun quartier : auec estroites defenses aux chartiers de tant emplir leus tombereaux, qu'ils en respandent par les ruës, par lesquelles ils passent. Toxares Medecin deliura la ville d'Athenes de peste, pour auoir fait oster toutes les ordures, de la ville, & commandé, que les rües & rüelles fussent arrousees de vin. Agamemnon, pendant que la peste estoit en son camp, prenoit bien la peine de visiter son armee, de faire tout nettoyer, & ietter toutes les ordures & immondices en la mer.

Que les bourgeois soyent soigneux de faire ietter de grád matin quelques seaus d'eau deuant leurs portes, & faire deualler les ordures par les ruisseaux: Et qu'à ceste fin toutes les fois, qu'on pauera les ruës, qu'ó face aux ruisseaux bonnes pantes.

Que ceux, qui ont des cheuaux, facent souuent nettoyer leurs escuiries, & emporter le fien, afin qu'il croupisse moins aux maisons.

S'il

S'Il y auoit moyen d'empefcher, que l'on n'apportaſt aucune choſe en ceſte ville des regions, qui ſont affligees de ceſte maladie, ce ſeroit vn grand bien pour la precaution: Mais il eſt mal-aiſé de garder ceſte police en ceſte ville, qui eſt comme vne mere commune, & l'abregé de la France, voire quaſi de toute la Chreſtienté.

Mettre a fin le reſtabliſſement des conduits vtilement cõmencé par Monſieur Myron, pour amener en ceſte ville les eaües des fontaines, afin que le pauure peuple puiſſe euiter l'vſage des mauuaiſes eaües. On ſçait, que leur vſage a ſouuent apporté de grandes maladies aux armées.

Defendre les eſtuues en temps de peſte. Vn bon Medecin & chanoine de Paris, qui eſt decedé dés le 3. Iour de Ianuier en l'an 1457. eſcrit auoir eſté mal voulu des maiſtres des eſtuues, pour auoir donné ce conſeil.

Faire retirer les pauures mandians, & trouuer moyen de les loger en quelque lieu, & leur donner commodité de viure, ſans les laiſſer courir par la ville.

Si le mal empiroit, dont Dieu nous
veille garder, pour amāder la corruptiō
de l'air, on recommande le feu, comme
vn remede singulier. On dict qu'Hippocrates par ce moyen fist cesser vne
grande peste, qui trauailloit les Atheniens. Empedocles, & Acron l'Agrigentin se sont seruis du mesme preseruatif. Nous lisons, que les soldats se ga-
rentirent de la peste, qui estoit à Tour-
nay, mettans de la poudre à canon sans
boulet dās les pieces d'artillerie, qu'ils
delaschoyent la nuict, & sur le point du
iour.   Ie sçay que le feu est salubre en
toute saison, & que pour cela le petit
Poëte entre les autres felicitez desiroit
focum perennem : Mais on y peut apporter quelque distinction : Sur quoy il
faudroit demander conseil aux Medecins, quand on voudroit vser de ce remede. Les regles generales sont dange-
reuses, specialement si on les prét crüe-
ment.

Auoir soin de faire enterrer les corps
morts de peste bien-auant, & en cime-
tieres esloignez du cōmerce du peuple.
Il y eust vne peste à Carthage, qui ren-
gregea grandement tant à cause de la

puanteur des corps morts, qui giſoyent
ſans ſepulture, pource que perſonne n'y
oſoit toucher, craignant la contagion,
que pour raiſon de la pourriture d'vn
marets, qui eſtoit proche de la ville. Il
y euſt pareillement à Veniſe vne peſte,
qui empira fort, pour ce que les corps
demeuroyét en la ville, & aux maiſons
ſans ſepulture par faute d'amballeurs,
& qu'au vieil *ſanita* on y bruſloit les
corrps morts, deſquels la fumee appor-
toit grande infection en la ville.

Defendre la vente des meubles, qui
ſont es maiſons infectees , donner ordre, qu'ils ne ſoyent point deſrobbez,
comme on dit, qu'il furent encores, il
y a deux ans, en vne maiſon: Et au cas,
que le mal rengregeaſt, defendre tout a
faict les inuentaires, & ventes de meubles. Cela eſt plus de conſequence, que
pluſieurs n'eſtiment. Il a eſté dit cy deuant, qu'il vient plus de mal par la contagion , que par la corruption de l'air.
I'ay ouy dire à vn de mes deuanciers,
que les maſſons, qui baſtiſſoyét en vne
maiſon , qu'il auoit pres le Ponceau,
moururent tous de la peſte, pour auoir
tiré de quelques creuaſſes, qui eſtoyent

en vne chambre, de la fillace, ou des e-
ftoupes, qui eftoyent infectees de plus
de fept ans, pour ce qu'il y auoit autāt,
que la pefte auoit efté à Paris. Il eftoit
commandé au Sacrificateur de brufler
tout veftement de laine, de lin, en or-
diffure, en tiffure de lin, ou de laine, en
peau, ou en tout ouurage de pelleterie,
s'il voyoit, qu'il y euft lepre poignante.
A ceft exemple on deuroit brufler tous
les meubles, qui ont ferui aux malades
de la pefte, & par leur porofité receu le
mauuais air: tels, que ceux, qui font cy
deffus mentionnez, & autres femblables, iufques aux meubles de bois, &
notamment ceux, qui feroyent troüez
ou vermoulus. Le Senat de Venife fit
brufler vne grande quantité de meubles, que les emballeurs & foffoyeurs a-
uoyent amaffé pendant que la pefte a-
uoit efté en la ville, pour retrancher le
fondement d'vne nouuelle contagion.
Cefte ordonnance fuft belle, & bien
executee apporta feureté au Seigneurs
Venitiens. Quant aux murailles de la
maifon infectee, encores qu'elles foyét
froides & maffiues, fi eft il bon de les
hacher, & renduire de nouueau, fpecia-

lement si elles sont vieilles, caduques, ou creuassees. Ainsi estoit-il commandé au Sacrificateur de faire renduire les parois de la maison infectee de lepre.

Quant à ce qui appartient au deuoir des particuliers, ie voudrois, que chacun se rendist aussi diligent a obeir aux reglemens, que font Messieurs de la police, comme ils sont soigneux de les ordonner.

Chacun doit estre aduerti de se tenir nettement en sa maison, & autant au large, que sa cõmodité le pourra porter. Pericles fust blasmé par les Atheniens, reiettans sur luy la cause de la peste, qui les affligeoit, pour ce qu'il auoit amassé grand nombre de villageois, & iceux logé dans la ville. On a pensé que la grande multitude du peuple estroitement logé à Rome, y auoit apporté la peste en l'annee du Consulat de L. Æbutius, & de P. Seruilius. Aussi est il bien certain, que les villes moins peuplees sont moins subiettes à la peste, qui vient, ou qui s'entretient par cõtagion.

Fuïr la compagnie des malades de

peſte,de ceux qui les aſſiſtent:& le ma-
niement des choſes infectees.

Quand il y a quelque indiſpoſition
en l'air, il la faut corriger par ſon con-
traire.Si le mal vient du midy,les fene-
ſtres,qui le regardent, ſeront fermees,
& celles du Septentrion ouuertes.Si la
ſaiſon eſt trop humide,il faut faire bon
feu. Pendant que ceſte grande peſte,
dont nous auons parlé cy deuãt, eſtoit
à Rome, l'Empereur Commodus par
le cõſeil de ſes medecins ſe retira à Lau-
réto,où il y auoit vne foreſt de lauriers,
tant pour le plaiſir du lieu, que pour
l'odeur des lauriers, que l'on tient eſtre
propre pour empeſcher la corruption:
Quelques vns pour vn antidote de la
peſte recommandent les mauuaiſes o-
deurs,comme celle du bouc,ou de ſon
vrine. Contre leſquels ie ne veux diſ-
puter, ny blaſmer leur opinion pour le
reſpect, que ie rends aux anciens , qui
l'ont eſcrit, & pour l'honneur, que ie
porte à la doctrine des modernes, qui
ont eſté de ceſt aduis. Mais ie les ſupplie auſſi de ne trouuer mauuais , ſi en
cela ie ne me range à leur opinion:& de
me donner ceſte liberté de dire,que les

bonnes & douces odeurs me semblent
plus propres pour empescher de receuoir le mauuais air, pour ce qu'elles cõ-
fortent la faculté animale & vitale, qui
par ce moyen resisteront plus aisément
à toute corruptiõ. On portoit à la main
de petites pommes de senteurs, quand
la peste fust à Rome sous l'empire de
Commodus, dont nous auons parlé
plusieurs fois. Les anciens mettoyent
l'escorce de citron parmi leurs habits
pour les mieux conseruer, & les garder
de pourriture. Il est bon de se tenir proprement & nettement, & se vestir d'habits, qui sont les moins subiets à receuoir le mauuais air, dont nous auons
parlé cy deuant, selon la commodité
& condition d'vn chacun.

Le dormir soit mesuré à la nature &
a la coustume d'vn chacun : les veilles
excessiues sont nuisibles.

Les exercices soyent moderez, & sur
tout il se faut garder de se trop eschau-
fer, afin de n'auoir point necessité d'ati-
rer beaucoup d'air.

Il faut euiter toutes passions & per-
turbations de l'esprit, & specialement la
colere, la tristesse, & la frayeur : ce que

nous auons dit au commencement de
ce diſcours. Côme le vin qui eſt expoſé
au Soleil pendant la canicule ſe tour-
ne, & s'aigriſt aiſément, pour ce que la
lie attiree par la grande chaleur ſe meſle auecques le vin : ainſi aduient il, que
par la triſteſſe, par la frayeur, par la me-
lancholie, ou telles autres perturbatiõs
& agitations de l'ame la lie du ſang ſort
de ſa place, ſe meſle auec les bônes humeurs, les trouble, les corrompt, & les
diſpoſe à ceſte mauuaiſe pourriture. Le
ſoin, le ſouci, le chagrin doiuent eſtre
bannis en conſtitution peſtilente. On
a remarqué, que quelques Chirurgiés,
qui ſans aucun ſoin viſitoyét, & ſecou-
royent gayement les malades de peſte,
s'en acquitoyent fort bien, & ſans incommodité de leur ſanté : & que neantmoins ceuxla meſmes eſtans mariez, &
minez du ſoin, qu'ils auoyent de leurs
femmes, enfans, & affaires domeſti-
ques, à la premiere rencontre & viſitation de malades ſe trouuoyent ſurpris
du mal, dont ils mouroyent. On diĉt,
que les ſoldats Gregeois chaſſoyent la
peſte de leur camp par leurs chanſons :
& que Thaleta de Crete en garantiſt les
Lacede-

Lacedemoniens par le moyẽ de sa muſique. Par cela nous entendons , que nous deuons viure doucemẽt & gayement : Car par ce moyen nous pouuõs fortifier nos ames & nos corps, pour plus aiſément reſiſter à ceſte maladie.

Des plaiſirs Veneriens ie diray ſeulement, que ie prie le lecteur de ſe ſouuenir de la reſponſe, qui fuſt faite a celuy , qui demandoit quand il falloit chercher la compagnie des femmes, toutes & quantes-fois,que tu voudras t'affoiblir. Or tout noſtre but icy doit eſtre la conſeruation des forces.

Chacun ſe doit regler en ſa maniere de viure,vſer de bonnes viandes,aiſees à digerer , & fuir tout excez tant en quantité,qu'en qualité, & principalement l'vſage des fruicts nouueaux, qui engendrent mauuais ſuc , qui ne ſont point de garde, qui incontinant ſe gaſtent, & s'entichent, appellez proprement par les Latins *fugaces* : I'excepte les ceriſes,dont l'vſage moderé eſt fort ſain.

Comme il eſt bon de ſe tenir proprement & nettement en ſa maiſon, & en ſes habits,ainſi eſt-il bien neceſſaire de

G

tenir son corps au dedans pur & net:
partant ceux, qui sont subiets à quelques infirmitez, & qui amassent quelques mauuaises humeurs, seront soigneux de se tenir le ventre bon, & de se
purger par medicamens doux & gra-
tieux, qui leurs seront ordonnez par
leurs medecins ordinaires.

Mais pour ce que i'entends, que l'on
desire, quelques remedes preseruatifs
pour les pauures, qui seront tousiours
bien & charitablement receus par les
Medecins de ceste ville, quand ils les
voudront consulter, i'adiousteray icy
quelques medicamens aisez a preparer
& de peu de frais, dont ils se pourront
aider pour la precaution.

Il faut donc, comme nous venons
de dire, que chascun soit soigneux de se
tenir le corps net, pur, & perspirable.
Ceux, qui mangét beaucoup, qui font
beaucoup de sang, qui ont le foye
chauld, se feront tirer iusques a neuf ou
dix onces de sang: Ils se purgerót deux
ou trois fois le mois de medicamens
doulx, comme par exemple en temps
pluuieux, & tel que nous l'auós eu quasi iusques a present, ils vseront des pilu-

les fuiuantes:

℟. *pilularum Ruffi.* ʒ. ſ. *Malaxa cum ſyrupo conſeruationis citri : fac pilulas iij. Da manè paulò antè iuſculum.*

Autrement, & en ſaiſon plus chaude & ſeche ils vſeront de ce medicament.

℟. *foliorum ſennæ mundatorum.* ʒ. ſ. *Infúde & coque in decoɛto peɛtorali. In colatura diſſolue Catholici duplicati, & ſyrupi roſarum pallidarum laxatiui veteris an.* ʒ. I. *fac doſim. da tribus horis ante iuſculum.*

Au lieu de cela pour plus grande facilité, & a moindres frais, ils pourront prendre vne demi once de Senné, & la faire tremper & bouillir quelque temps dans vn bouillon, ou dans vn ius de pruneaux, le paſſer par vn linge net, & le prendre deux ou trois heures auant diſner. Ceux, qui auront plus de commodité, pourront au lieu de cela, prendre vne once de caſſe, ou deux onces de manne vne heure deuant diſner. Ie trouue bon l'vſage des remedes cordiaux : Mais le pauure peuple ſouuent abuſé en l'vſage, & ſoubs ce mot de cordiaux, auſquels il a recours, neglige les remedes de la preſeruation, principaux & neceſſaires, qui giſent a chaſſer l'hu-

meur, qui peut receuoir ou engendrer
ceste grande & insigne pourriture, qui
fait ceste maladie. Il faut donc auant
toutes choses se seruir des remedes, qui
espuisent les mauuaises humeurs, &
puis auoir recours a ceux, qui peuuent
alterer & changer la mauuaise temperature, & fortifier les parties nobles cô-
tre ceste grande pourriture.

Les remedes, que nous appellons
Cardiaques, sont internes, ou externes.
Pour les internes, le menu peuple se
peut seruir de vray Mithridat, qui est
fort recommandable pour sonantiqui-
té: pour l'authorité, qui luy a esté don-
nee par ce Prince, qui l'a inuenté, & en
a souuent vsé: pour estre fort aisé a preparer, peu mixtionné, de peu de fraix,
& de grande efficace. Cneus Pompeius aptes la defaitte de ce grand Roy
Mithridates en trouua la recepte en vn
sien cabinet, escrite de la main de ce
Prince, laquelle il tenoit parmy les
choses plus pretieuses. Aucûs ont voulu dire, que Pompeius ne fist pas grand
estat de ceste recepte, pour estre côpo-
sée de peu de simples, & fort vulgaires.

Antidotus verò multis Mithridatica fertur

Consociata modis, sed Magnus scrinia Re-
gis

Cum raperet victor, vilem deprendit in illis

Synthesin, & vulgata satis medicamina
risit.

Bis denum rutæ folium, salis & breue gra-
num,

Iuglandésque duas totidem cum corpore fi-
cus:

Hæc oriente die parco conspersa Lyæo

Sumebat metuens, dederat qua pocula tu-
tor.

Ceste recepte estoit composee de deux
noix seches, de deux figues de cabats,
de vingt feuilles de rüe broyees ensem-
ble, auec vn grain de sel : Et portoit la-
dicte recepte, que quiconque vseroit a
ieun de ceste composition, seroit asseuré de venin, & de poison pour vingt
& quatre heures. Ceste composition
peut seruir pour trois ou quatre mati-
nees, & puis la reiterer, cóme on voul-
dra, & prendre apres vn peu de vin
blanc, pour ceux, qui ont accoustumé
d'en boire le matin.

Ceux, qui ne pourront se seruir de ce
remede vseront les matins, auant que
sortir de la maison, de l'Opiate suiuãte:

♃. *conseruarum buglossi, borraginis, ne-*
nupharis & rosarum an. ℥. *ij conseruæ caleu-*
*dulæ.*ℨ. *x. Malaxa cum syrupo de limonibus,*
& fac Opiatam : De quà vtatur mane ad
quantitatem nucis auellanæ, superbibendo pa-
rum vini albi.

Ceste opiate est bien temperee, qui
ne peut eschauffer, ni apporter aucune
incommodité, mais est fort bóne, pro-
fitable, & telle, que les apoticaires cha-
ritables la donneront au petit peuple a
pris raisonnable : On en peut prendre
la grosseur d'vne noisette, auecvne cuil.
leree de vin blanc pour ceux, qui ont
accoustumé d'en boire.

Quant aux Cardiaques externes, ie
ne puis estre de l'opinion de quelques
sçauans medecins, que i'honore pour
leur suffisance, qui ordonnent de porter sur le cœur vn sachet d'Arsenic : al-
leguans pour raison, que l'Arsenic par
sa vertu exsiccatiue deseche l'humidité
pourrissante, & pour experience, l'exé-
ple du Pape Adrian sixiesme, qui pour
precaution de ceste maladie se seruoit
de ce remede. A quoy il est aisé de res-
pondre, que l'Arsenic desseche a cause
de sa chaleur immoderee, & funeste: &

qu’il n’y a en l’vsage de ce poison aucune seureté, qu’vn bon Medecin se doibt
tousiours proposer : Que la seule experience du Pape Adrian, ou d’autre, ne
peut valablement conclure , que ce
moyen l’ait preserué de la peste : Que
i’ay pour la deffense de mon opinion
l’authorité de Messieurs mes collegues
reconnus pour Medecins tressuffisans,
qui auecques bõne raison sont de mesme aduis, & ont par longue experience
remarqué les mauuais effets de ceste
drogue, pour auoir veu aucũs de ceux,.
qui en ont vsé, auoir depuis esté subiets
au battement de cœur, autres decedez
auant leur vieillesse, esquels on a trouué le cœur sec & flestri : Entre autres ils
asseurent, qu’vn gentil-homme , qui
portoit sur le cœur ce poison pour
precaution de la peste, alla iouër à la
paulme, où il tõba mort tout soubdain,
lequel ayant esté ouuert fust trouué a-
uoir le cœur sec, noir, & vlceré : Aussi
est-il vray semblable , que le cœur es-
chauffé ait attiré a soy ce poison, qui
par l’aduis de tous les medecins est
chauld au plus hault degré , caustique,
& comme poison , ennemi mortel du

cœur. Ie ne sçay, qui pourroit auoir introduict cest erreur, si ce n'estoit, que quelqu'vn eust tiré ceste recepte des Arabes, & que par ignorance de la langue, ou ayant trouué ce mot Darseni, qui en Arabe signifie canelle, eust pris ce mot pour le poison, que nous appellons Arseni, & de la eust faist vne pouldre d'Arseni au lieu d'vne pouldre de canelle pour porter sur le cœur, dans vn sachet. Lequel erreur auroit depuis esté suiuy, & defendu par aucuns sçauãs Medecins, comme auiourd'huy toutes propositions sont quasi problematiques en Medecine. I'honore leur suffisance: mais ils me pardõneront, si ie ne puis estre de leur aduis, & me permetront le mien libre, qui est, que nous ferions vn œuure charitable, & digne de nous, si nous pouuions oster ceste opinion erronee, qui est de dangereuse consequence, pour beaucoup de considerations.

L'vsage du vif argent me semble aussi pouuoir apporter quelque nuisance par sa mauuaise qualité, non toutefois si dangereuse, que l'Arseni. Ie pense, que c'est vn abus populaire de

aucune-

s'en feruir pour la precaution de la pefte.

Nous auons dict cy deuant, que les
mauuaifes odeurs ne nous femblent
aucunement bonnes pour Antidote de
la pefte. Car puis que les efprits font re-
creez & reparez par les bonnes odeurs,
il eft bien-vrayfemblable, qu'ils font
aifément offenfés par les mauuaifes
fenteurs. Si le peuple fe veut feruir de ce
remede, il me femble, qu'il ne fera point
inutile, moyennant que cefte fenteur
foit fi doulce, qu'elle n'entefte point,
qu'elle n'empliffe point, & n'efchauffe
point le cerueau, ains le fortifie, recree
& repare les efprits animaux & vitaux
par fa doulceur & fouëfueté. A cefte
fin le peuple pourra porter vn petit
bouquet d'œillets, ou vn orange, ou vn
citron.

Si quelqu'vn plus curieux fe veut
feruir d'vn fachet, ou efcuffon a porter
fur le cœur, il pourra vfer de la pouldre fuiuante, qu'il aura a pris fort raifonnable.

*℞. rofarum rubrarum ficcarum, florum.
violarũ, bugloffi, meliffæ an. ʒ.ſ. fantali citri-
ni ʒ. iij. myrrhæ, thuris, ligni aloës, & ligni*

Rhodij an. ʒ.ſ.corticis citri .ʒ. ij. Omnia con-
tundantur, pulueriſentur, & includantur in-
ter duos ſyndones interbaſtatos ad formam
ſcuti, pro regione cordis.

Entre les remedes laxatifs & cordiaux ie n'ay point parlé de rheubarbe, de ſyrop de cichorec compoſé auec
rheubarbe, de muſque, d'ambre gris, de
perles d'or, de Coral, de Licorne, de
Bezoard, de Mithridat, de Theriaque,
deconfeſtion d'Alkermes, de Hyacin-
tho, d eaües Theriacales, Imperiales, des
Marſepains, des mains de Chreſt per-
lees, des paſtes royales, des Condits
cordiaux, ny d'infinis autres ſimples,
& compoſez de grand pris, de grande
efficace, & dont ie fais autant d'eſtat,
qu'il eſt raiſonnable. Ceſte opulence
de medecine, ceſte abondance & varie-
té de remedes doibt eſtre employee
pour les riches, par l'aduis de leurs medecins, qui les choiſiront, feront meſler
& preparer, comme ils iugeront neceſſaire, ayans eſgard a la maladie, qui
court, a la ſaiſon, au temperament, aage, ſexe de ceux, qui les appelleront, a
la region, & a pluſieurs autres choſes
conſiderables.

Quant à la curation ie n'y ay point voulu toucher, pource qu'il est fort dāgereux, de se regler seulement aux preceptes generaux de la curatiō, & chauffer, comme on dict, toutes personnes a vne forme. Les Iurisconsultes disent, que *Theoriæ generales non benè informant animum practicum, qui consistit in singularibus.* Si ceste proposition est vraye en droict, elle doibt auoir plus de lieu en la medecine, & sur tout en ceste maladie. Car elle chāge, comme vn Protec. La peste ne se trouue quasi iamais semblable, qu'en vne chose, que la plus grande partie de ceux, qui en sont malades, en meurent. Nous tenons, qu'il y a presque autant d'especes de maladies pestilentes, que d'annees, esquelles elles affligent le pauure peuple. Partant il faut varier la curation selon la diuersité de ceste maladie, de sa cause, & des diuers accidens, qui l'accompagnent, & auoir esgard, comme nous auons dict, a la saison, a la region, au sexe, a l'aage, au temperament, a la nature peculiere d'vn chascun, & a plusieurs autres conditions, que le medecin doibt considerer. Partant ce seroit vn grand

abus d'vſerd'vne meſme methode pour
guarir la peſte. C'eſt pourquoy i'ay dict
par cy deuant qu'il ſe faut aider de bons
& prudens Medecins, & de Chirurgiēs
bien experimentés pour la guariſon de
ceſte maladie. Ils ont aſſés de liures de
ceſte matiere eſcripts par les anciens &
modernes : Auſquels s'il ſe trouuoit
quelque default es maximes generales,
ou en la practique particuliere du mal,
qui court a preſent, il ſera amendé, & a-
bondamment parfourni par les eſcripts
de quelquesdoctes medecins de noſtre
faculté, qui donneront volontiers ce
trauail a la ſanté publique.

Ie n'ay point voulu en ce petit traité
recercher curieuſemét vn amas & meſlange de drogues, ains me ſuis conten-
té de choiſir les plus ſimples remedes,
en petit nombre, & de moindre pris,
vtiles toutesfois pour la precaution de
la peſte, pour le ſoulagement & conſo-
lation des pauures, en faueur deſquels
i'ay dreſſé ceſt aduis comprenant quelques preſeruatifs generaux, qui doiuét
eſtre generalement & touſiours em-
ployez en toutes ſortes de peſte, pour
ce qu'ils combatent la nature vniuer-

ſelle de la peſte, de quelque cauſe, qu'elle puiſſe venir. Telles ſont les regles, tãt celles, qui ſont ordonnees par le magiſtrat politique, que celles, que chacun doit garder en ſon particulier, cy deuãt mentionnees, & autres ſemblables, que l'on y peut adiouſter. En ce nombre ie comprendray pour la concluſion de ce diſcours deux ſouuerains antidotes, dont on ſe peut ſeuremét ſeruir en toutes ſortes de peſte pour la precaution.

L'vne eſt l'vſage du vin, qui par ſa ſubtilité paſſe fort aiſément, & par ſa force reſtaure promptement les eſprits, conforte le cœur, & les autres parties nobles: ie le tiens par l'aduis de nos anciés & plus excellens Medecins de ceſte eſchole, deſquels i'honore la memoire & la poſterité, pour vn ſouuerain cardiaque: Ils l'appelloyent *Cardiacum Cardiacorum*: & tel ie l'ay experimenté pour m'auoir par la bonté de Dieu ſerui ſeulement par lauemét, plus que n'euſſent faict quelques autres, qui ſont recommandés par leurs qualitez occultes. L'vſage en doit eſtre moderé, & ſe trouuera fort vtile tãt pris par dedãs, qu'appliqué dehors pour le lauement des

mains,& du viſage,ſpecialemẽt à ceux,
qui ont accouſtumé d'en vſer,& encores à toutes perſonnes, auſquelles pour
vne plus particuliere circunſtance il
n'eſt point defendu.

L'autre antidote eſt l'electuaire, que
l'on appelle *electuarium de tribus aduerbiis:*
*Citò,longè,tarde,*toſt, loin, tard : C'eſt à
dire, ſe retirer bien toſt du lieu infecté,
aller bien loin,& reuenir tard:dõt on a
faict ce petit diſtiche.

Hæc tria tabificam pellunt aduerbia peſtem,
 Mox,longè,tardè,cede,recede,redi.

Ceſte cõpoſition a eſté faite par l'aduis
du grand maiſtre, qui a dit, n'y auoir
point de plus excellẽt remede aux maladies,qui viennent de l'indiſpoſition
de l'air,que le changement d'air, & de
lieu. Son truchement Latin donnant
quelques preceptes pour la precaution
de la peſte a cõmandé de voyager. Les
anciens baſtiſſoyent touſiours le temple d'Eſculape dehors les villes, pour
nous donner à entendre, que l'air des
champs eſt touſiours plus ſalubre, que
celuy des villes. L'an 1580. la ville de
Paris fuſt abandonnee de la plus part
des perſonnes de qualité & de moyẽs,

qui se retirerent aux champs, à cause de la violence de la peste, qui persecuta fort les habitans. Graces à Dieu, nous n'auons encores aucun signe, qui conclüe necessairemét à vn euenemét si sinistre, comme il a esté dict cy deuant. Ce cas aduenant, dót Dieu nous veuille garder, le souuerain preseruatif pour ceux, qui auroyent commodité d'en vser, seroit de se retirer bien tost en vn air salubre, & reuenir seulement, quand Aquilon le balay du monde auroit nettoyé ces ordures, & chassé de la ville toute la corruption, dont elle auroit esté souillee. Ceux, à qui ces moyens-là manqueroyent, ou qui autrement seroient necessitez de demeurer en la ville, se pourroyent seruir des regles cy deuát métionnees, & des remedes qui particulierement leurs seroient ordonnés par leurs Medecins. Mais sur tout ils auroyent à se souuenir de ne frequéter aucunement les lieux infectez, ny les personnes commises pour traicter, solliciter, garder ou assister les malades. Ce n'est pas icy, qu'il se faut monstrer vaillant, ny aller des premiers à la charge, ains se tenir à l'arriere-garde, voire

pluſtoſt au bagage, loing des coups, &
porter, pour deuiſe le mot du ſoldat
Comique, *Hic ero poſt principia.*

Amy Lecteur, le bõ Dieu vous veuille preſeruer, & nous auſſi d'vne maladie
ſi funeſte, & conſeruer en ſanté: Prenez
en bõne part ce petit aduertiſſement, &
Candidus imperti meliora, vel vtere noſtris.

A Paris ce douxieſme de Iuillet l'an
1606.

F I N.

www.ingramcontent.com/pod-product-compliance
Lightning Source LLC
LaVergne TN
LVHW021140200726
843510LV00001B/179